Sports-doku

Frank Longo

STERLING

New York / London
www.sterlingpublishing.com

STERLING and the distinctive Sterling logo are registered trademarks of
Sterling Publishing Co., Inc.

2   4   6   8   10   9   7   5   3   1

Published by Sterling Publishing Co., Inc.
387 Park Avenue South, New York, NY 10016
© 2007 by Frank Longo
Distributed in Canada by Sterling Publishing
c/o Canadian Manda Group, 165 Dufferin Street
Toronto, Ontario, Canada M6K 3H6
Distributed in the United Kingdom by GMC Distribution Services
Castle Place, 166 High Street, Lewes, East Sussex, England BN7 1XU
Distributed in Australia by Capricorn Link (Australia) Pty. Ltd.
P.O. Box 704, Windsor, NSW 2756, Australia

Sterling ISBN-13: 978-1-4027-4640-6
ISBN-10: 1-4027-4640-7

For information about custom editions, special sales, premium and
corporate purchases, please contact Sterling Special Sales
Department at 800-805-5489 or specialsales@sterlingpub.com.

CONTENTS

INTRODUCTION

Welcome to *Sports-doku*. We are thrilled to present an entire book of sudoku puzzles full of fun sports words and phrases.

In the unlikely event that you haven't yet heard of sudoku, this is a type of logic puzzle that recently has become extremely popular and has spread like wildfire in magazines, books, and even tabloid newspapers. The appeal of sudoku lies in its simplicity coupled with its addictiveness.

The rules are very simple. You are given a 9×9 grid subdivided into nine smaller 3×3 sections or "boxes." At the start, you are given a few numbers in the grid. Your task is to place a number in each empty square so that all of the numbers from 1 to 9 appear in each row going across, each column going down, and each smaller 3×3 box. This is accomplished using logic only, so that the solver should never have to blindly guess. Each puzzle has a unique solution; that is, with the starting numbers given, there is only one possible solution that will work.

Here is an example of a typical sudoku puzzle and its solution:

4	1	6	3	9				
		3			2			
			6					
		1					9	3
	4		5		9		2	
7	2					6		
					5			
			8			9		
				1	7	4	3	5

4	1	6	3	9	8	5	7	2
9	8	3	7	5	2	1	4	6
2	7	5	6	4	1	3	8	9
6	5	1	2	7	4	8	9	3
3	4	8	5	6	9	7	2	1
7	2	9	1	8	3	6	5	4
1	9	7	4	3	5	2	6	8
5	3	4	8	2	6	9	1	7
8	6	2	9	1	7	4	3	5

In *Sports-doku*, however, there are no numbers. It is exactly the same as regular sudoku, except *letters* are used instead of numbers. Below each grid you are given nine different letters. These are the letters to be placed into the grid so that all nine letters appear in each row, each column, and each of the nine 3×3 boxes. Now, here's the fun part: when the puzzle is correctly solved, a nine-letter word or phrase—something related to sports—will appear in the grid, either in one of the rows, one of the columns, or on the diagonal from the upper left to the lower right. Here is an example:

G	A	M	E	R				
		E			D			
			M					
		A					R	E
	G		L		R		D	
N	D					M		
					L			
			O			R		
				A	N	G	E	L

G	A	M	E	R	O	L	N	D
R	O	E	N	L	D	A	G	M
D	N	L	M	G	A	E	O	R
M	L	A	D	N	G	O	R	E
E	G	O	L	M	R	N	D	A
N	D	R	A	O	E	M	L	G
A	R	N	G	E	L	D	M	O
L	E	G	O	D	M	R	A	N
O	M	D	R	A	N	G	E	L

O	L	D	G	E	R	M	A	N

In the solution, the phrase GOLD MEDAL appears along the diagonal.

Note that the letter-based puzzle above is the exact same puzzle as the regular sudoku puzzle on page 4, except that the numbers have been replaced by letters. All the 1's became A's, all the 2's became D's, etc. It is solved exactly the same, but with letters instead of numbers. When solving a number sudoku puzzle, you are constantly saying to yourself "1 2 3 4 5 6 7 8 9" when looking for what numbers are missing. For this reason, we have placed the nine letters below the grid in an arrangement that's easy to remember, in this case "OLD GERMAN." You will say "old German" over and over to yourself while solving. As you are solving, you will eventually see a word or phrase being formed. Obviously, the knowledge that a nine-letter word or phrase must appear somewhere in the grid can be quite helpful in the solving process. Filling in the missing letters will give you a little more information than you would have had if the puzzle had just contained numbers. But at no point is it *necessary* to identify the word in the grid to logically solve the puzzle. You could speak Serbo-Croatian only, without knowing a word of English, and still logically work your way through each puzzle (though you wouldn't be able to read this introduction). You should be warned, however, that just because a word appears to be forming doesn't necessarily make it the correct word. Logic should always trump assumption!

The puzzles in this book are arranged by increasing difficulty level, as follows:

1–20: Beginner: Warmup Exercises
21–32: Easy: Pickup Games
33–50: Medium: Training Period
49–68: Hard: The Big Leagues
69–72: Challenger: Championship Tournament

The harder puzzles may require some advanced logic steps and a bit more patience, but ultimately they can be conquered, as previously stated, without having to resort to flat-out guessing. Always bear in mind that every puzzle has a unique solution.

Whether or not you are new to sudoku, I believe you will find these puzzles surprisingly refreshing. I sincerely hope you have as much fun solving them as I did making them.

—Frank Longo

			A	C	H	Y		
			O				K	H
	H					I	C	
H		E			I			
A				O				Y
		R				H		O
	A	Y					R	
E	C				R			
		H	I	K	E			

H E R O I C Y A K

Answer, page 80

				S	A	I	L	
T	S		O					
L			H				O	
H		T					A	
	N	L				T	B	
	I					O		S
	T			H				A
				S			T	O
	B	O	A	T				

L	I	O	N	S	B	A	T	H

Answer, page 82

A	L				O			
M			A				G	
			E	L		M		
W		L					A	
		G	O	A	L	S		
	O					G		E
		M		E	W			
	W				G			L
			B				W	O

B	E	A	M	G	L	O	W	S

Answer, page 84

T	E	A	M	S				
R				A		M		
V			E			O		
I				T		A		
	A					I		
	T		R					S
		I		E				T
		V	M					I
			V	I	S	O	R	

M	O	V	I	E	S	T	A	R

Answer, page 86

M	E	T	S					
I	O			N				
		N	M				I	
	N	K		O	S			
	I						E	
			T	E		K	O	
	Y				I	N		
				S			M	Y
					Y	O	S	T

M	O	N	E	Y	K	I	T	S

Answer, page 88

H				I	R		L	
	O		F			I		
R		S		T				
S	H	O	T					
		F				H		
					F	O	I	L
				R		G		F
		G			S		H	
	T		H	F				R

H	O	G	F	L	I	R	T	S

Answer, page 90

B	O	W	L	E	D			
L				N				
N	M				B			
					E	D	O	
		D				E		
	N	B	I					
			D				I	O
				O				W
			N	I	M	B	L	E

M	I	N	D	E	L	B	O	W

Answer, page 92

			O	E		G		
					S	A	F	E
S					L		O	
I	D	A						
E				D				A
						I	D	F
	E		S					G
G	O	L	F					
		I		O	A			

A	D	O	G	S	L	I	F	E

Answer, page 94

E	P							
	T	I	M	E	R			
			P			O		E
	R			P	O			M
		H				I		
M			R	H			E	
T		R			E			
			H	O	M	E	R	
							I	O

I	M	P	J	E	T	H	R	O

Answer, page 96

	I							
K	S				U	I		
		U			J			S
		K		J				P
	U	M	P	I	R	E	S	
I				E		R		
R			E			M		
		E	K				J	I
							E	

P	R	I	S	M	J	U	K	E

Answer, page 79

		K			D	O	W	N
N			S		W			
	O		T				S	
E				T	S			
		N				T		
			D	N				K
	W				E		A	
			W		K			T
D	E	A	N			W		

T	A	K	E	S	D	O	W	N

			G	R	I	D	S	
R		D	A					
							R	I
A				B	I	N		
			I					
	L	B	N					R
L	G							
				G	B			A
	B	R	I	A	N			

G	I	R	L	B	A	N	D	S

Answer, page 83

	T	L	N					
		H			L	N		
C	A	N	O	E				
A		D						
	N		C		H		E	
						T		O
				O	C	E	A	N
		E	L			H		
					D	C	O	

L	A	T	C	H	E	D	O	N

Answer, page 85

		O	R				S	
			F					N
			S	W	O	R	D	
	R		W	D				
S	N						W	F
				S	T		I	
	T	W	I	N	S			
D				O				
	S				W	N		

S	N	O	W	D	R	I	F	T

Answer, page 87

	A		I			L		R
N	I	K	E					
					A		N	P
		R	N		L	K		
I	K		C					
					P	A	C	E
K		L			C		R	

P	A	N	L	I	C	K	E	R

Answer, page 89

				H	O	R	S	E
R			E			T		
	D					H		
				T		O		S
O								D
E		X		O				
		T					A	
		D			R			H
A	E	R	O	S				

E	X	T	R	A	H	O	D	S

Answer, page 91

					J	H	R	
		J	A	G	R			S
		I		S				
		S						R
B			H		I			G
R						B		
				T		I		
T			S	H	A	G		
	A	H	J					

B	I	R	T	H	J	A	G	S

Answer, page 93

D				S	O			P
				L		O	D	
						S		
C		L					S	
		S	W	O	R	D		
	W					P		R
		R						
	S	C		W				
U			O	R				W

C	R	O	W	D	P	L	U	S

Answer, page 95

				S		T		
R	A	C	K	E	T			
				H		C		
A	E					R		I
			H		S			
S		R					T	K
	I		A					
			S	T	R	I	K	E
		E	C					

R	I	K	C	H	E	A	T	S

Answer, page 80

M	N				Y		
P	L	A	Y	S			
		I	P	O		M	
			Y	P			L
N			S	L			
		O		N	S	L	
			P	L	O	Y	S
		P				A		M

| M | A | Y | S | L | I | P | O | N |

Answer, page 82

U			O		I		A	
T							O	
			T	R	A	D	E	
					T		D	
A								N
	O		N					
	R	O	U	N	D			
	I							E
	A		I		O			D

R	A	D	I	O	T	U	N	E

Answer, page 84

				A	M			N
	A	C	E	S				
N			H				C	
C		A			O	S		
		H	A			N		M
	M				C			E
			M	A	Y	S		
Y			S	N				

C	A	S	H	M	O	N	E	Y

Answer, page 86

		N					O	
				R	O	S	I	N
			A	N		L		
						C	R	
O		S				N		D
	D	C						
		D		L	R			
I	C	O	N	S				
	R					O		

I	R	O	N	C	L	A	D	S

Answer, page 88

S	O	N	I	C				
I		E	L					
		K		M				O
		C						
E		O	N		C	K		L
						E		
K				S		L		
					E	O		C
				L	I	N	K	S

S	I	C	K	L	E	M	O	N

Answer, page 90

N					T			I
			A		G	C		
M	A	G	I	C				
								M
	T	C				N	Y	
G								
				G	A	I	N	S
		S	T		I			
Y			S					G

S	T	I	N	G	Y	M	A	C

Answer, page 92

			I	U	R			
					S	U	R	F
					I			
O	R			I	N		F	
		F				R		
	N		R	S			O	U
		R						
S	A	I	L					
			S	N	A			

F	O	U	L	R	A	I	N	S

				N			E	
N						P		O
T	E	A	M					
		M		I			A	
O		E				G		T
	G			T		E		
				M	A	T	E	E
E		T						G
	A			G				

G	I	A	N	T	P	O	E	M

Answer, page 96

					Y	A	R	D
		R	H					
A	Y						O	
	H			E		R		L
R			D		L			Y
E		D		H			N	
	D						L	R
					H	E		
O	R	E	L					

H	E	Y	A	R	N	O	L	D

Answer, page 79

			E				J	
						R	G	
			J	A		B	S	
		E		S			O	
	S	B				J	A	
	O			G		N		
	B	A	S	E				
	G	N						
	E				R			

J	O	B	A	N	G	E	R	S

Answer, page 81

		T		O		A		
		H	E	A	R	T		
			I				C	
	I						A	
	H	O		R		C	T	
	C					H		
	S				C			
		R	A	T	E	S		
		C		H		I		

I	T	S	A	C	H	O	R	E

Answer, page 83

K		B				D		
A	E		I	D				
I				C	A		D	
	B	A	D		L	I	E	
	D		F	I				B
				A	C		B	K
		F				C		A

L	A	C	K	E	D	F	I	B

Answer, page 85

			N					I
			D	R	O	M	E	
	E							
E			O					J
M		J	E		I	D		R
A			D					E
							D	
	O	A	R	E	D			
N					A			

M	A	J	O	R	E	D	I	N

Answer, page 87

	D		R		A		
			D	F			
T	U	R	F				
A	F		U				D
			B	F			
B			T			F	R
				B	R	E	T
		D		A			
		E			T	A	

B	U	R	N	E	D	F	A	T

Answer, page 89

S	T							
			H	A	B	I	T	S
				P				
I	H		B				S	T
	S						B	
P	E				S		H	I
			A					
B	A	S	K	E	T			
							K	A

K	I	P	B	A	T	H	E	S

Answer, page 91

				K		N		
			T	H	E	D	L	
				I		E		
T						I	O	
L								D
	I	O						T
		E	K					
	H	I	D	E	O			
		D		N				

H	O	T	L	I	N	K	E	D

Answer, page 93

		V						
			A				R	M
E	K		S		C	V		
	R	A	C	E	S			
C								E
			M	A	R	I	S	
		C	K		A		E	I
K	I				E			
						K		

K	I	M	C	A	R	V	E	S

Answer, page 95

N		O	C					
L		U				E		
E					I			T
	H	I	T					
			E		N			
					O	U	T	
T			O					L
		C				T		E
					T	I		C

L	I	O	N	C	H	U	T	E

Answer, page 80

				C	A	S	E	Y
				G	Y			A
	A				S	Z		
G							Z	
Z	L						A	S
	S							G
		E	Y				R	
A			S	E				
L	Y	C	R	A				

C	R	A	Z	Y	L	E	G	S

Answer, page 82

	Y							
P	A	C	E	R				
F	L		O	Y				
A			P	E				F
C				F	Y			R
			A	O			R	P
			P	L	A	C	E	
							F	

L	E	A	F	Y	C	R	O	P

		O		N	E	A	L	T
N		L						T
			L			P		
O		T	A			L		
	N					E		
	P		T		M			O
	H		O					
M					P			H
P	A	N	T		M			

L	E	A	P	M	O	N	T	H

Answer, page 86

S	K	I	E	R				
C						S		
		T		C				I
		C	D	I		T		A
D		S		T	E	C		
A				S		E		
		R						K
				D	A	R	T	S

K	I	D	R	E	A	C	T	S

Answer, page 88

								E
W				P	O		S	
P	E	D	A	L	S			
							W	
O		W				E		B
	L							
			B	O	W	L	E	D
	W		P	E				A
B								

D	O	P	E	B	A	W	L	S

Answer, page 90

B	L	U	E	S			
		E	B				S
		A				E	
	B					A	I
	U					G	
L	E				U		
	A			L			
I				E	S		
			A	G	I	L	E

| A | B | U | G | S | L | I | F | E |

Answer, page 92

		L				C		
				A	L	E	R	
			L	R		N	S	
			N			O		
C			O	S			F	
	E			A				
O	C			S	N			
N	L	E	R					
		S				E		

F A L C O N E R S

Answer, page 94

I		D		E	V	A		
V		A	I	C				
C	A	V	S					
		S				V		
					C	U	B	S
				I	E	C		U
		I	C	S		E		V

S	U	B	A	D	V	I	C	E

Answer, page 96

					P		A
		M	A	J	O	R	
U	A			M			
						R	P
P	J			A		B	M
A	D						
			P			D	O
		P	R	O	A	M	
O			D				

P	R	O	U	D	J	A	M	B

Answer, page 79

		K	C				T	
				A				
				S	T	I	C	K
A	J							
		C	T		R	J		
							R	C
S	K	I	E	R				
				J				
	E				I	S		

T	I	R	E	J	A	C	K	S

Answer, page 81

		R		E			Y	
				Y	A	R	D	S
D					R			I
	S							R
			A		Y			
I							T	
Y			D					E
R	A	C	E	S				
	D			R		S		

D	I	R	T	Y	C	A	S	E

Answer, page 83

		T	K	R		N		
		N				R		A
		R		S		K	W	
	S	K	I	W	E	A	R	
	W	I		A		T		
E		S		W				
		A		N	I	W		

A N E W S K I R T

Answer, page 85

A	N	T	H	E	M			
	I		T				E	
				A				
	M			H		G		I
E		I		M			T	
			E					
	T				I		G	
			G	O	T	E	A	M

H	A	T	I	N	G	M	O	E

Answer, page 87

	R							U
			B	U	R	S	T	
			O	T		E	B	
R						O	X	
	U	S				.		E
	B	U		S	X			
	C	O	U	R	T			
X							U	

S	U	B	C	O	R	T	E	X

Answer, page 89

			F			S		E
				S	T	O	R	M
R								I
	E					I		
F			S		O			V
		O					F	
E								R
V	I	S	O	R				
M		R			E			

F	I	R	S	T	M	O	V	E

Answer, page 91

I		S		T				
	M		S					Z
				R	A	M	S	
		M				S		I
		K				Z		
A		T				K		
S	P	A	R					
M					T		A	
			M		P		R	

P	R	I	Z	M	T	A	S	K

Answer, page 93

				M			H
P			N			M	I
	M	A	C	H	O		
				I			A
	C					H	
N			H				
			S	P	A	H	N
A	P		M				C
M			N				

M	A	I	N	C	H	O	P	S

U	C	O					H	F
		L					C	
R	U	T	H					A
L			U					R
A				F	O	U	L	
	L			H				
C	T					R	L	U

F	L	O	U	R	C	H	A	T

Answer, page 80

					R	U	L	E
		R	U	I				D
				N		V		
	A					L	E	U
L	N	D					R	
	E		R					
N				A	V	E		
D	I	V	E					

U	N	R	I	V	A	L	E	D

Answer, page 82

			N					
		R	E	L	A	Y	S	
Y	E							
E			N			L	A	
	A	N				I	Y	
D	L		A					E
						D	S	
	S	L	I	D	E	R		
			S					

| N | E | R | D | Y | L | I | S | A |

					K	N		
N				S			E	
					T	K	O	S
				T		E		K
			S		F			
I		S		R				
R	I	N	K					
	F			O				R
		O	F					

F	O	R	K	T	I	N	E	S

Answer, page 86

T			G					
	L	G			F		R	
				A				
L	A		C		S	G		
		C	A	R	T	S		
		S	L		G		C	R
				C				
	C		S			L	A	
					L			F

L O G C R A F T S

Answer, page 88

		I			E	D		
		C					I	
				C	L	E	A	T
S								
	C		S		D		H	
								I
C	H	E	A	T				
	A					T		
		D	H			A		

C	H	I	L	D	S	E	A	T

Answer, page 90

					S	A	V	E
S		E		A			U	L
			U					
A	S							U
		O	S		L	T		
T							S	V
			T					
E	T			S		V		O
O	V	A	L					

T	O	P	V	A	L	U	E	S

Answer, page 92

	M	Y			L			R
		L	R		O		Y	
Y	A	R	D				O	
	L		Y		A		T	
	T				R	Y	A	N
	Y		M		D	T		
D			T			A	M	

| M | O | R | D | A | N | T | L | Y |

Answer, page 94

T								S
S					E	G		I
		W	G					
		N		R		W		
	S	I	N	G	L	E	T	
		T		S		I		
					G	L		
I		G	S					E
L								W

G	I	R	L	S	W	E	N	T

Answer, page 96

E	K							
G	U			K				
		C	A	G	E			
B				D			A	
	E		U		G		C	
	G			B				J
			J	U	K	E		
				E			U	A
							J	D

D	E	B	U	G	J	A	C	K

Answer, page 79

					L	I	N	E
L			P			T		
						P		
		I					T	O
		E	T		S	R		
T	R					E		
		O						
		S			R			P
N	E	T	S					

| S | O | L | E | P | R | I | N | T |

Answer, page 83

S	P	A	R	E				
T								
R	E			M		S		
				S		T	P	
		W		R				
M	I	P						
	T	S				P	E	
							W	
			P	A	I	R	S	

T	I	M	E	W	A	R	P	S

Answer, page 85

F	L	A	N	K				
D		C						
	O		C					
L	D	I						
	A						D	
						I	N	O
				A			K	
						C		F
			F	I	N	A	L	

| F | I | N | D | C | L | O | A | K |

Answer, page 87

		R			Y	Z		
			E					A
				R	Y	N	E	E
			I		D	Y		
Z		E			A			R
	H	I		A				
R	Y	A	N					
E				Z				
		D	Y			H		

H	Y	D	R	A	Z	I	N	E

Answer, page 89

		J						
Y	H			L				
L	A	N	E		O			
		L		Y	E		W	
O		Y				A		L
	J		L	N		E		
			J		H	O	L	E
				O			H	N
						W		

H Y E N A J O W L

Answer, page 91

		E						G
A				E	C			
			T	R	A	D		E
	R	M	D					C
		R		G				
M			E	C	D			
T	I	M	E	R				
	G	D						I
C					E			

A	C	T	E	D	G	R	I	M

Answer, page 93

	P	O	I	N	T			
	W				Y			
N					A			I
P	L							
	N						A	
							L	Y
I			N					O
			L				Y	
			T	A	P	I	N	

| T | W | A | I | N | P | L | O | Y |

Answer, page 95

1 0

P	I	R	S	K	E	J	U	M
K	S	J	R	M	U	I	P	E
M	E	U	I	P	J	K	R	S
E	R	K	M	J	S	U	I	P
J	U	M	P	I	R	E	S	K
I	P	S	U	E	K	R	M	J
R	J	P	E	S	I	M	K	U
U	M	E	K	R	P	S	J	I
S	K	I	J	U	M	P	E	R

2 8

N	E	H	O	L	Y	A	R	D
D	O	R	H	A	N	L	Y	E
A	Y	L	E	R	D	N	O	H
Y	H	N	A	E	O	R	D	L
R	A	O	D	N	L	H	E	Y
E	L	D	Y	H	R	O	N	A
H	D	A	N	O	E	Y	L	R
L	N	Y	R	D	H	E	A	O
O	R	E	L	Y	A	D	H	N

4 6

J	R	O	U	D	P	B	M	A
B	P	M	A	J	O	R	U	D
U	A	D	B	M	R	O	P	J
M	O	U	J	B	D	A	R	P
P	J	R	O	A	U	D	B	M
A	D	B	P	R	M	J	O	U
R	B	A	M	P	J	U	D	O
D	U	P	R	O	A	M	J	B
O	M	J	D	U	B	P	A	R

6 4

E	K	B	D	J	U	A	G	C
G	U	A	C	K	B	J	D	E
J	D	C	A	G	E	U	K	B
B	C	K	E	D	J	G	A	U
D	E	J	U	A	G	B	C	K
A	G	U	K	B	C	D	E	J
C	A	D	J	U	K	E	B	G
K	J	G	B	E	D	C	U	A
U	B	E	G	C	A	K	J	D

R	K	I	A	C	H	Y	O	E
C	E	A	O	I	Y	R	K	H
Y	H	O	E	R	K	I	C	A
H	O	E	K	Y	I	C	A	R
A	I	R	H	O	C	K	E	Y
K	Y	C	R	E	A	H	I	O
I	A	Y	C	H	O	E	R	K
E	C	K	Y	A	R	O	H	I
O	R	H	I	K	E	A	Y	C

H	K	I	C	S	A	T	E	R
R	A	C	K	E	T	S	I	H
E	S	T	R	I	H	K	C	A
A	E	H	T	K	C	R	S	I
I	T	K	H	R	S	E	A	C
S	C	R	E	A	I	H	T	K
K	I	S	A	H	E	C	R	T
C	H	A	S	T	R	I	K	E
T	R	E	I	C	K	A	H	S

N	I	O	C	T	E	H	L	U
L	T	U	N	O	H	E	C	I
E	C	H	L	U	I	O	N	T
O	H	I	T	C	U	L	E	N
U	L	T	E	H	N	C	I	O
C	E	N	I	L	O	U	T	H
T	U	E	O	I	C	N	H	L
I	O	C	H	N	L	T	U	E
H	N	L	U	E	T	I	O	C

U	C	O	T	A	R	L	H	F
T	F	R	L	H	U	A	C	O
H	A	L	F	C	O	U	R	T
R	U	T	H	O	L	C	F	A
L	O	F	A	U	C	H	T	R
A	H	C	R	T	F	O	U	L
O	R	U	C	L	T	F	A	H
F	L	A	U	R	H	T	O	C
C	T	H	O	F	A	R	L	U

1 1

T	S	K	A	E	D	O	W	N
N	A	D	S	O	W	K	T	E
W	O	E	T	K	N	D	S	A
E	D	O	K	T	S	A	N	W
S	K	N	E	W	A	T	O	D
A	T	W	D	N	O	S	E	K
K	W	T	O	D	E	N	A	S
O	N	S	W	A	K	E	D	T
D	E	A	N	S	T	W	K	O

2 9

B	N	G	E	R	S	A	J	O
A	J	S	B	O	N	R	G	E
E	R	O	G	J	A	B	S	N
N	A	E	R	S	J	G	O	B
G	S	B	O	N	E	J	A	R
J	O	R	A	G	B	N	E	S
R	B	A	S	E	G	O	N	J
S	G	N	J	B	O	E	R	A
O	E	J	N	A	R	S	B	G

4 7

I	R	K	C	E	J	A	T	S
T	C	S	I	A	K	R	J	E
J	A	E	R	S	T	I	C	K
A	J	R	S	C	E	K	I	T
E	I	C	T	K	R	J	S	A
K	S	T	J	I	A	E	R	C
S	K	I	E	R	C	T	A	J
R	T	A	K	J	S	C	E	I
C	E	J	A	T	I	S	K	R

6 5

L	E	R	I	G	S	O	H	U
H	O	I	R	L	U	G	E	S
S	G	U	H	O	E	I	L	R
U	H	O	G	I	L	S	R	E
I	R	S	U	E	O	L	G	H
E	L	G	S	R	H	U	O	I
G	S	E	O	H	I	R	U	L
R	U	L	E	S	G	H	I	O
O	I	H	L	U	R	E	S	G

2

O	H	B	N	S	A	I	L	T
T	S	N	O	L	I	A	H	B
L	A	I	H	B	T	S	O	N
H	O	T	S	N	B	L	A	I
S	N	L	I	A	O	T	B	H
B	I	A	T	H	L	O	N	S
N	T	S	L	O	H	B	I	A
A	L	H	B	I	S	N	T	O
I	B	O	A	T	N	H	S	L

2 0

M	O	N	L	A	I	Y	S	P
P	L	A	Y	S	M	I	O	N
S	Y	I	P	O	N	M	L	A
O	M	S	I	Y	P	N	A	L
A	P	L	N	M	O	S	I	Y
N	I	Y	S	L	A	P	M	O
Y	A	O	M	N	S	L	P	I
I	N	M	A	P	L	O	Y	S
L	S	P	O	I	Y	A	N	M

3 8

R	Z	G	L	C	A	S	E	Y
C	E	S	Z	G	Y	R	L	A
Y	A	L	E	R	S	Z	G	C
G	C	Y	A	S	L	E	Z	R
Z	L	R	G	Y	E	C	A	S
E	S	A	C	Z	R	L	Y	G
S	G	E	Y	L	C	A	R	Z
A	R	Z	S	E	G	Y	C	L
L	Y	C	R	A	Z	G	S	E

5 6

I	D	N	A	V	R	U	L	E
E	V	R	U	I	L	A	N	D
U	L	A	D	E	N	I	V	R
V	A	I	N	R	D	L	E	U
R	U	E	V	L	A	D	I	N
L	N	D	I	U	E	V	R	A
A	E	L	R	D	I	N	U	V
N	R	U	L	A	V	E	D	I
D	I	V	E	N	U	R	A	L

1 2

B	A	N	G	R	I	D	S	L
R	I	D	A	S	L	N	B	G
G	S	L	B	N	D	A	R	I
A	R	S	L	G	B	I	N	D
N	D	G	S	I	R	L	A	B
I	L	B	N	D	A	S	G	R
L	G	A	D	B	S	R	I	N
S	N	I	R	L	G	B	D	A
D	B	R	I	A	N	G	L	S

3 0

S	R	T	C	O	H	A	I	E
C	I	H	E	A	R	T	S	O
O	A	E	I	S	T	R	C	H
R	T	I	H	C	O	E	A	S
E	H	O	S	R	A	C	T	I
A	C	S	T	E	I	H	O	R
H	S	A	R	I	C	O	E	T
I	O	R	A	T	E	S	H	C
T	E	C	O	H	S	I	R	A

4 8

S	C	R	I	E	D	A	Y	T
E	T	I	C	Y	A	R	D	S
D	Y	A	S	T	R	C	E	I
A	S	Y	T	D	E	I	C	R
C	R	T	A	I	Y	E	S	D
I	E	D	R	C	S	Y	T	A
Y	I	S	D	A	C	T	R	E
R	A	C	E	S	T	D	I	Y
T	D	E	Y	R	I	S	A	C

6 6

S	T	P	R	O	L	I	N	E
L	O	N	P	E	I	T	R	S
E	I	R	N	S	T	P	O	L
P	S	I	E	R	N	L	T	O
O	N	E	T	L	S	R	P	I
T	R	L	I	P	O	E	S	N
R	P	O	L	N	E	S	I	T
I	L	S	O	T	R	N	E	P
N	E	T	S	I	P	O	L	R

3

A	L	B	M	G	O	W	E	S
M	E	O	A	W	S	L	G	B
G	S	W	E	L	B	M	O	A
W	B	L	G	S	E	O	A	M
E	M	G	O	A	L	S	B	W
S	O	A	W	B	M	G	L	E
O	A	M	L	E	W	B	S	G
B	W	E	S	O	G	A	M	L
L	G	S	B	M	A	E	W	O

21

U	E	R	O	D	I	N	A	T
T	D	A	E	U	N	I	O	R
O	N	I	T	R	A	D	E	U
I	U	N	R	A	T	E	D	O
A	T	E	D	O	U	R	I	N
R	O	D	N	I	E	T	U	A
E	R	O	U	N	D	A	T	I
D	I	U	A	T	R	O	N	E
N	A	T	I	E	O	U	R	D

39

O	Y	R	C	L	P	F	E	A
P	A	C	E	R	F	O	Y	L
F	L	E	O	Y	A	R	P	C
A	O	Y	P	E	R	C	L	F
R	F	P	L	O	C	E	A	Y
C	E	L	A	F	Y	P	O	R
E	C	F	Y	A	O	L	R	P
Y	R	O	F	P	L	A	C	E
L	P	A	R	C	E	Y	F	O

57

L	I	A	N	S	Y	D	E	R
N	D	R	E	L	A	Y	S	I
Y	E	S	D	I	R	L	A	N
E	R	I	Y	N	D	S	L	A
S	A	N	R	E	L	I	Y	D
D	L	Y	S	A	I	N	R	E
I	Y	E	L	R	N	A	D	S
A	S	L	I	D	E	R	N	Y
R	N	D	A	Y	S	E	I	L

13

D	T	L	N	H	A	O	C	E
E	O	H	D	C	L	N	T	A
C	A	N	O	E	T	D	L	H
A	E	D	T	N	O	L	H	C
T	N	O	C	L	H	A	E	D
H	L	C	A	D	E	T	N	O
L	D	T	H	O	C	E	A	N
O	C	E	L	A	N	H	D	T
N	H	A	E	T	D	C	O	L

31

F	C	D	A	E	B	L	K	I
K	I	B	C	L	F	D	A	E
A	E	L	I	D	K	B	F	C
I	F	E	B	C	A	K	D	L
C	B	A	D	K	L	I	E	F
L	D	K	F	I	E	A	C	B
D	L	I	E	A	C	F	B	K
E	K	F	L	B	D	C	I	A
B	A	C	K	F	I	E	L	D

49

R	N	E	W	I	A	S	K	T
I	A	T	K	R	S	N	E	W
S	K	W	N	E	T	R	I	A
A	E	R	T	S	N	K	W	I
T	S	K	I	W	E	A	R	N
N	W	I	R	A	K	T	S	E
E	T	S	A	K	W	I	N	R
K	R	A	E	N	I	W	T	S
W	I	N	S	T	R	E	A	K

67

S	P	A	R	E	T	W	I	M
T	W	M	I	S	P	R	E	A
R	E	I	A	W	M	P	S	T
A	R	W	M	I	S	E	T	P
E	S	P	W	T	R	M	A	I
M	I	T	P	A	E	S	W	R
I	T	R	S	M	W	A	P	E
P	A	S	E	R	I	T	M	W
W	M	E	T	P	A	I	R	S

4

T	E	A	M	S	O	I	R	V
R	O	S	I	A	V	M	T	E
V	I	M	E	T	R	O	S	A
I	V	E	S	O	T	R	A	M
S	A	R	V	E	M	T	I	O
M	T	O	R	I	A	E	V	S
A	S	I	O	R	E	V	M	T
O	R	V	T	M	S	A	E	I
E	M	T	A	V	I	S	O	R

2 2

S	O	Y	C	A	M	E	H	N
H	A	C	E	S	N	M	O	Y
N	E	M	H	O	Y	A	C	S
C	N	A	M	E	O	S	Y	H
M	S	E	N	Y	H	C	A	O
O	Y	H	A	C	S	N	E	M
A	M	S	Y	H	C	O	N	E
E	H	N	O	M	A	Y	S	C
Y	C	O	S	N	E	H	M	A

4 0

H	T	P	O	M	N	E	A	L
N	O	L	P	E	A	H	M	T
A	E	M	H	L	T	O	P	N
O	M	T	E	A	H	N	L	P
L	N	H	M	P	O	T	E	A
E	P	A	N	T	L	M	H	O
T	H	E	L	O	P	A	N	M
M	L	O	A	N	E	P	T	H
P	A	N	T	H	M	L	O	E

5 8

S	O	I	E	F	K	N	R	T
N	T	K	R	S	O	F	E	I
F	E	R	N	I	T	K	O	S
O	R	F	I	T	N	E	S	K
E	N	T	S	K	F	R	I	O
I	K	S	O	R	E	T	F	N
R	I	N	K	E	S	O	T	F
K	F	E	T	O	I	S	N	R
T	S	O	F	N	R	I	K	E

1 4

T	D	O	R	I	N	F	S	W
R	W	S	T	F	D	I	O	N
N	F	I	S	W	O	R	D	T
I	R	T	W	D	F	S	N	O
S	N	D	O	R	I	T	W	F
W	O	F	N	S	T	D	I	R
F	T	W	I	N	S	O	R	D
D	I	N	F	O	R	W	T	S
O	S	R	D	T	W	N	F	I

3 2

D	R	M	N	J	E	O	A	I
J	A	I	D	R	O	M	E	N
O	E	N	A	I	M	R	J	D
E	D	R	M	O	N	A	I	J
M	N	J	E	A	I	D	O	R
A	I	O	J	D	R	N	M	E
R	M	E	O	N	J	I	D	A
I	O	A	R	E	D	J	N	M
N	J	D	I	M	A	E	R	O

5 0

A	N	T	H	E	M	I	O	G
H	I	M	T	G	O	N	E	A
G	E	O	N	I	A	M	H	T
T	M	A	O	H	E	G	N	I
N	O	H	I	T	G	A	M	E
E	G	I	A	M	N	O	T	H
M	A	G	E	N	H	T	I	O
O	T	E	M	A	I	H	G	N
I	H	N	G	O	T	E	A	M

6 8

F	L	A	N	K	D	O	I	C
D	K	C	I	L	O	A	F	N
I	O	N	C	A	F	K	L	D
L	D	I	K	O	N	F	C	A
N	A	O	F	I	C	L	D	K
C	F	K	A	D	L	I	N	O
O	N	F	L	C	A	D	K	I
A	I	L	D	N	K	C	O	F
K	C	D	O	F	I	N	A	L

5

M	E	T	S	I	O	Y	N	K
I	O	Y	K	N	E	M	T	S
K	S	N	M	Y	T	E	I	O
E	N	K	I	O	S	T	Y	M
T	I	O	Y	K	M	S	E	N
Y	M	S	T	E	N	K	O	I
S	Y	M	O	T	I	N	K	E
O	T	E	N	S	K	I	M	Y
N	K	I	E	M	Y	O	S	T

2 3

C	I	N	S	D	L	R	O	A
D	A	L	C	R	O	S	I	N
S	O	R	A	N	I	L	D	C
A	N	I	D	O	S	C	R	L
O	L	S	R	I	C	N	A	D
R	D	C	L	A	N	I	S	O
N	S	D	O	L	R	A	C	I
I	C	O	N	S	A	D	L	R
L	R	A	I	C	D	O	N	S

4 1

S	K	I	E	R	T	A	C	D
C	D	E	K	A	I	S	R	T
R	A	T	S	C	D	K	E	I
K	E	C	D	I	R	T	S	A
T	R	A	C	K	S	I	D	E
D	I	S	A	T	E	C	K	R
A	T	D	R	S	K	E	I	C
I	S	R	T	E	C	D	A	K
E	C	K	I	D	A	R	T	S

5 9

T	F	A	G	L	R	O	S	C
C	L	G	O	S	F	T	R	A
S	R	O	T	A	C	F	G	L
L	A	R	C	O	S	G	F	T
F	G	C	A	R	T	S	L	O
O	T	S	L	F	G	A	C	R
G	O	L	F	C	A	R	T	S
R	C	F	S	T	O	L	A	G
A	S	T	R	G	L	C	O	F

15

E	A	P	I	C	N	L	K	R
L	R	C	P	A	K	E	I	N
N	I	K	E	L	R	C	P	A
C	L	E	K	R	A	I	N	P
A	P	R	N	I	L	K	E	C
I	K	N	C	P	E	R	A	L
R	N	I	L	K	P	A	C	E
P	C	A	R	E	I	N	L	K
K	E	L	A	N	C	P	R	I

33

E	D	F	R	N	U	A	T	B
N	A	B	T	D	E	F	R	U
T	U	R	F	B	A	N	D	E
A	F	T	N	U	R	E	B	D
D	R	U	B	E	F	T	N	A
B	E	N	A	T	D	U	F	R
U	N	A	D	F	B	R	E	T
R	T	D	E	A	N	B	U	F
F	B	E	U	R	T	D	A	N

51

B	R	T	X	E	S	C	O	U
E	O	C	B	U	R	S	T	X
U	S	X	O	T	C	E	B	R
R	T	E	S	B	U	O	X	C
O	X	B	R	C	E	U	S	T
C	U	S	T	X	O	B	R	E
T	B	U	E	S	X	R	C	O
S	C	O	U	R	T	X	E	B
X	E	R	C	O	B	T	U	S

69

D	E	R	A	N	Y	Z	H	I
N	I	Y	E	Z	H	R	D	A
H	A	Z	I	D	R	Y	N	E
A	R	N	Z	I	E	D	Y	H
Z	D	E	H	Y	N	A	I	R
Y	H	I	R	A	D	N	E	Z
R	Y	A	N	H	I	E	Z	D
E	N	H	D	R	Z	I	A	Y
I	Z	D	Y	E	A	H	R	N

6

H	F	T	G	I	R	S	L	O
G	O	L	F	S	H	I	R	T
R	I	S	O	T	L	F	G	H
S	H	O	T	L	I	R	F	G
I	L	F	R	G	O	H	T	S
T	G	R	S	H	F	O	I	L
L	S	H	I	R	T	G	O	F
F	R	G	L	O	S	T	H	I
O	T	I	H	F	G	L	S	R

24

S	O	N	I	C	K	M	L	E
I	M	E	L	N	O	C	S	K
C	L	K	E	M	S	I	N	O
M	I	C	K	E	L	S	O	N
E	S	O	N	I	C	K	M	L
N	K	L	S	O	M	E	C	I
K	C	I	O	S	N	L	E	M
L	N	S	M	K	E	O	I	C
O	E	M	C	L	I	N	K	S

42

S	O	L	W	D	B	P	A	E
W	B	A	E	P	O	D	S	L
P	E	D	A	L	S	B	O	W
D	A	S	L	B	E	O	W	P
O	P	W	D	S	A	E	L	B
E	L	B	O	W	P	A	D	S
A	S	P	B	O	W	L	E	D
L	W	O	P	E	D	S	B	A
B	D	E	S	A	L	W	P	O

60

A	L	I	T	H	E	D	S	C
E	T	C	D	S	A	H	I	L
D	S	H	I	C	L	E	A	T
S	D	A	L	I	H	C	T	E
I	C	T	S	E	D	L	H	A
H	E	L	C	A	T	S	D	I
C	H	E	A	T	S	I	L	D
L	A	S	E	D	I	T	C	H
T	I	D	H	L	C	A	E	S

1 6

T	X	A	D	H	O	R	S	E
R	H	O	E	X	S	T	D	A
S	D	E	A	R	T	H	X	O
D	A	H	R	T	X	O	E	S
O	T	S	H	E	A	X	R	D
E	R	X	S	O	D	A	H	T
H	O	T	X	D	E	S	A	R
X	S	D	T	A	R	E	O	H
A	E	R	O	S	H	D	T	X

3 4

S	T	A	E	I	K	B	P	H
E	K	P	H	A	B	I	T	S
H	B	I	S	T	P	K	A	E
I	H	K	B	P	A	E	S	T
A	S	T	I	H	E	P	B	K
P	E	B	T	K	S	A	H	I
K	P	H	A	S	I	T	E	B
B	A	S	K	E	T	H	I	P
T	I	E	P	B	H	S	K	A

5 2

O	T	M	F	I	R	S	V	E
I	V	F	E	S	T	O	R	M
R	S	E	M	O	V	F	T	I
T	E	V	R	M	F	I	S	O
F	R	I	S	T	O	E	M	V
S	M	O	V	E	I	R	F	T
E	F	T	I	V	S	M	O	R
V	I	S	O	R	M	T	E	F
M	O	R	T	F	E	V	I	S

7 0

E	W	J	Y	A	N	L	O	H
Y	H	O	W	L	J	N	E	A
L	A	N	E	H	O	Y	J	W
A	N	L	O	Y	E	H	W	J
O	E	Y	H	J	W	A	N	L
H	J	W	L	N	A	E	Y	O
N	Y	A	J	W	H	O	L	E
W	L	E	A	O	Y	J	H	N
J	O	H	N	E	L	W	A	Y

7

B	O	W	L	E	D	I	N	M
L	D	E	M	N	I	O	W	B
N	M	I	O	W	B	L	E	D
W	I	M	B	L	E	D	O	N
O	L	D	W	M	N	E	B	I
E	N	B	I	D	O	W	M	L
M	E	L	D	B	W	N	I	O
I	B	N	E	O	L	M	D	W
D	W	O	N	I	M	B	L	E

2 5

N	C	Y	M	S	T	G	A	I
T	S	I	A	Y	G	C	M	N
M	A	G	I	C	N	Y	S	T
I	N	A	C	T	Y	S	G	M
S	T	C	G	I	M	N	Y	A
G	Y	M	N	A	S	T	I	C
C	M	T	Y	G	A	I	N	S
A	G	S	T	N	I	M	C	Y
Y	I	N	S	M	C	A	T	G

4 3

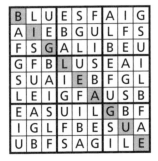

B	L	U	E	S	F	A	I	G
A	I	E	B	G	U	L	F	S
F	S	G	A	L	I	B	E	U
G	F	B	L	U	S	E	A	I
S	U	A	I	E	B	F	G	L
L	E	I	G	F	A	U	S	B
E	A	S	U	I	L	G	B	F
I	G	L	F	B	E	S	U	A
U	B	F	S	A	G	I	L	E

6 1

P	U	T	O	L	S	A	V	E
S	O	E	T	A	V	P	U	L
V	A	L	P	U	E	O	T	S
A	S	V	E	P	T	L	O	U
U	E	O	S	V	L	T	A	P
T	L	P	U	O	A	E	S	V
L	P	S	V	T	O	U	E	A
E	T	U	A	S	P	V	L	O
O	V	A	L	E	U	S	P	T

1 7

S	T	G	I	B	J	H	R	A
H	B	J	A	G	R	T	I	S
A	R	I	T	S	H	J	G	B
I	G	S	B	J	T	A	H	R
B	J	A	H	R	I	S	T	G
R	H	T	G	A	S	B	J	I
J	S	B	R	T	G	I	A	H
T	I	R	S	H	A	G	B	J
G	A	H	J	I	B	R	S	T

3 5

H	E	T	L	K	D	N	I	O
I	O	N	T	H	E	D	L	K
D	K	L	N	O	I	E	T	H
T	D	H	E	L	K	I	O	N
L	N	K	O	I	T	H	E	D
E	I	O	H	D	N	L	K	T
N	L	E	K	T	H	O	D	I
K	H	I	D	E	O	T	N	L
O	T	D	I	N	L	K	H	E

5 3

I	A	S	Z	T	M	R	K	P
K	M	R	S	P	A	T	I	Z
Z	T	P	K	I	R	A	M	S
R	Z	M	T	A	K	S	P	I
P	I	K	M	R	S	Z	T	A
A	S	T	I	Z	P	K	R	M
S	P	A	R	K	I	M	Z	T
M	R	Z	P	S	T	I	A	K
T	K	I	A	M	Z	P	S	R

7 1

I	T	E	C	A	D	R	M	G
A	R	D	G	M	E	C	I	T
G	M	C	I	T	R	A	D	E
E	A	R	M	D	T	I	G	C
D	C	T	R	I	G	M	E	A
M	G	I	A	E	C	D	T	R
T	I	M	E	R	A	G	C	D
R	E	G	D	C	M	T	A	I
C	D	A	T	G	I	E	R	M

8

F	A	D	O	E	I	G	L	S
L	I	O	D	G	S	A	F	E
S	G	E	A	F	L	D	O	I
I	D	A	L	S	F	E	G	O
E	F	G	I	D	O	L	S	A
O	L	S	E	A	G	I	D	F
A	E	F	S	L	D	O	I	G
G	O	L	F	I	E	S	A	D
D	S	I	G	O	A	F	E	L

26

F	O	S	I	U	R	N	L	A
L	I	A	N	O	S	U	R	F
R	U	N	F	A	L	I	S	O
O	R	U	A	I	N	S	F	L
A	S	F	O	L	U	R	N	I
I	N	L	R	S	F	A	O	U
N	L	R	U	F	I	O	A	S
S	A	I	L	R	O	F	U	N
U	F	O	S	N	A	L	I	R

44

S	R	L	N	O	E	C	F	A
F	O	N	S	C	A	L	E	R
E	A	C	L	R	F	O	N	S
A	S	F	C	N	L	R	O	E
C	N	R	O	E	S	A	L	F
L	E	O	F	A	R	N	S	C
O	C	A	E	S	N	F	R	L
N	L	E	R	F	C	S	A	O
R	F	S	A	L	O	E	C	N

62

O	M	Y	A	T	L	N	D	R
R	D	T	N	Y	M	O	L	A
A	N	L	R	D	O	M	Y	T
Y	A	R	D	N	T	L	O	M
N	L	O	Y	M	A	R	T	D
M	T	D	O	L	R	Y	A	N
L	Y	A	M	R	D	T	N	O
T	O	M	L	A	N	D	R	Y
D	R	N	T	O	Y	A	M	L

1 8

D	C	W	U	S	O	L	R	P
S	P	U	R	L	W	O	D	C
R	L	O	C	P	D	S	W	U
C	R	L	D	U	P	W	S	O
P	U	S	W	O	R	D	C	L
O	W	D	S	C	L	P	U	R
W	O	R	L	D	C	U	P	S
L	S	C	P	W	U	R	O	D
U	D	P	O	R	S	C	L	W

3 6

M	A	V	E	R	I	C	K	S
S	C	I	A	K	V	E	R	M
E	K	R	S	M	C	V	I	A
I	R	A	C	E	S	M	V	K
C	S	M	V	I	K	R	A	E
V	E	K	M	A	R	I	S	C
R	M	C	K	V	A	S	E	I
K	I	S	R	C	E	A	M	V
A	V	E	I	S	M	K	C	R

5 4

S	N	C	P	I	M	O	A	H
P	O	H	A	N	S	C	M	I
I	M	A	C	H	O	P	S	N
H	S	M	O	C	I	N	P	A
O	C	P	M	A	N	I	H	S
N	A	I	H	S	P	M	C	O
C	I	O	S	P	A	H	N	M
A	P	N	I	M	H	S	O	C
M	H	S	N	O	C	A	I	P

7 2

A	P	O	I	N	T	Y	W	L
T	W	I	O	L	Y	N	P	A
N	Y	L	W	P	A	T	O	I
P	L	A	Y	T	O	W	I	N
Y	N	W	P	I	L	O	A	T
O	I	T	A	W	N	P	L	Y
I	A	P	N	Y	W	L	T	O
W	T	N	L	O	I	A	Y	P
L	O	Y	T	A	P	I	N	W

9

E	P	J	O	T	H	R	M	I
O	T	I	M	E	R	P	H	J
R	H	M	P	I	J	O	T	E
I	R	T	E	P	O	H	J	M
P	E	H	J	M	T	I	O	R
M	J	O	R	H	I	T	E	P
T	O	R	I	J	E	M	P	H
J	I	P	H	O	M	E	R	T
H	M	E	T	R	P	J	I	O

2 7

M	O	P	G	N	I	T	E	A
N	I	G	A	E	T	P	M	O
T	E	A	M	P	O	N	G	I
P	T	M	E	I	G	O	A	N
O	N	E	P	M	A	G	I	T
A	G	I	O	T	N	E	P	M
G	P	N	I	O	M	A	T	E
E	M	T	N	A	P	I	O	G
I	A	O	T	G	E	M	N	P

4 5

I	B	D	U	E	V	A	S	C
V	E	A	I	C	S	B	U	D
S	C	U	B	A	D	I	V	E
C	A	V	S	B	U	D	E	I
B	U	S	E	D	I	V	C	A
D	I	E	A	V	C	U	B	S
E	V	C	D	U	A	S	I	B
A	S	B	V	I	E	C	D	U
U	D	I	C	S	B	E	A	V

6 3

T	G	E	L	I	R	N	W	S
S	N	L	W	T	E	G	R	I
R	I	W	G	N	S	T	E	L
E	L	N	T	R	I	W	S	G
W	S	I	N	G	L	E	T	R
G	R	T	E	S	W	I	L	N
N	E	S	R	W	G	L	I	T
I	W	G	S	L	T	R	N	E
L	T	R	I	E	N	S	G	W

96